HISTOIRES POUR LES DEBUTANTS
VERHALEN VOOR DE BEGINNERS
0

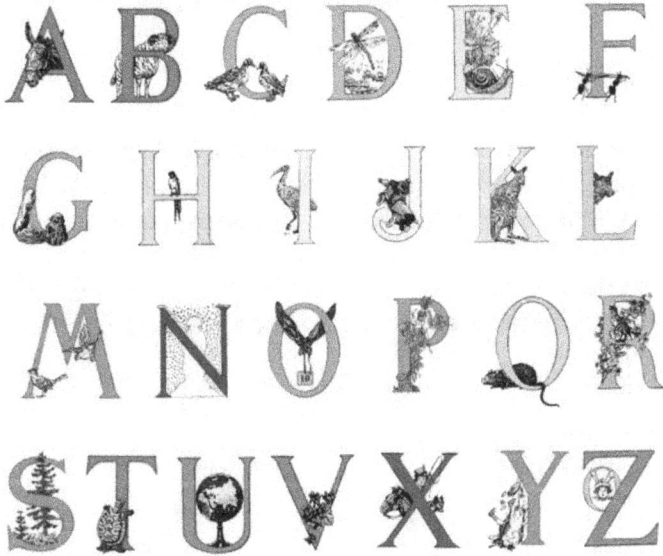

A B C D E F
G H I J K L
M N O P Q R
S T U V X Y Z

ISBN: 978-1-989643-19-8

BERMUDA WORD

Beste Lezer en Talen student!

Je leest de interlineaire editie van onze Bermuda Word pop-up e-boeken die we verkopen op learn-to-read-foreign-languages.com. Voor je Frans begint te lezen, lees alsjeblieft de uitleg van onze methode.

Daar we willen dat je Frans leest en leert bestaat onze methode primair uit woord-voor-woord vertalingen en idiomatisch Nederlands waar nodig. Zie dit voorbeeld voor Frans:

Il   y   avait du   vin
Het er   had van de wijn
[Er was wijn]

Deze methode betekent dat we een dubbel interlineair formaat gebruiken. Door de kleuren van het Frans en de interlineaire vertalingen te contrasteren hopen we de originele tekst leesbaar te houden.

En vergeet niet een kijkje te nemen naar onze Windows e-boeken met geïntegreerde software die we aanbieden op learn-to-read-foreign-languages.com! Zie info over Korting op de laatste pagina!

Bedankt voor het geduld, veel plezier met lezen en leren!

Kees van den End

3 Titre & Table des Matières

TABLE DES MATIÈRES

5 ABC

Âne
Ezel

Il y avait, dans un village, une pauvre vieille femme qui
Het er had   in   een dorp   een arme   oude vrouw   die
(Er was)

n'avait pour toute compagnie qu'un petit âne. Elle l'aimait
niet had voor alle gezelschap dan een kleine ezel Ze hield van haar
(had) (als) ()   (slechts een)

beaucoup, car il était intelligent et bon, et il paraissait
veel   omdat hij was intelligent   en goed   en hij scheen

content de porter sur son dos les légumes du jardin
tevreden van te dragen op zijn rug de groenten uit de tuin

au marché de la ville.
naar de markt   van de stad

6 ABC

Mais de méchants garçons se moquaient de la vieille
Maar van ondeugende jongens spotten van de oude
() (met)

femme et de son petit âne quand ils la rencontraient.
vrouw en van haar kleine ezel als zij haar tegenkwamen
()

Un jour, ils crièrent à la vieille femme:
Een dag zij riepen naar de oude vrouw
(Op een)

"Bonjour, la mère âne!"
Goedendag de moeder ezel
()

7 ABC

"Bonjour, mes fils!" leur répondit-elle.
Goedendag mijn zonen hen antwoordde ze

L'âne eut l'air de se moquer d'eux à son tour en
De ezel had de indruk van te spotten van hen op zijn beurt terwijl
(maakte) (de indruk) (met hen)

remuant ses oreilles, et les méchants garçons ne
bewegende zijn oren en de ondeugende jongens niet

trouvèrent plus rien à dire.
vonden meer niets te zeggen
(iets)

Bélier
Ram

Berthe	était	une	petite	fille	très	étourdie	qui	laissait
Berthe	was	een	klein	meisje	zeer	onnadenkend	die	liet

toujours	les	portes	ouvertes.	Sa	mère,	qui	était	une
altijd	de	deuren	open	Haar	moeder	die	was	een

fermière,	la	grondait	souvent:
boerin	haar	mopperde op	vaak

10   ABC

Car, pendant l'absence de Berthe, les chiens, les poules
Omdat gedurende de afwezigheid van Berthe de honden de hennen

et même les petits cochons salissaient tout.
en zelfs de kleine varkens kwamen naar buiten allemaal

Mais Berthe ne se corrigeait pas de son étourderie.
Maar Berthe niet zich verbeterde niet van haar onnadenkendheid

11 ABC

Un jour que sa mère était au marché, Berthe alla
Een dag dat haar moeder was naar de markt Berthe ging

jouer dans le jardin en oubliant, selon son habitude, de
te spelen in de tuin terwijl vergetende volgens haar gewoonte om

fermer la porte.
te sluiten de deur

Le bélier de la ferme s'échappa de la bergerie et
De ram van de boerderij ontsnapte uit de stal en

entra tranquillement dans la maison.
ging binnen rustig in het huis

Comme il ne trouva personne en bas, il monta par
Daar hij niet vond persoon in beneden hij ging omhoog met
(iemand)

l'escalier au premier étage, où il y avait la belle
de trap naar de eerste verdieping waar het er was de mooie
()

chambre des parents de Berthe, avec une armoire à
kamer van de ouders van Berthe met een kast aan
(van)

glace.
glas

Quand le bélier vit son image dans cette glace, il crut
Toen de ram zag zijn beeld in dit glas hij geloofde

que c'était un autre bélier, et il le menaça de ses
dat het was een andere ram en hij het dreigde van zijn
(met)

cornes; mais l'autre fit le même mouvement.
hoorns maar de ander deed de zelfde beweging
(maakte)

13   ABC

Furieux, **il** **se** **dressa** **sur** **ses** **pattes;** **mais** **l'autre** **se**
Woedend hij zich richtte op op zijn poten maar de ander zich

dressa **aussi.**
richtte op ook

Alors **le** **bélier** **se jeta** **de** **toutes** **ses** **forces** **contre** **la**
Toen de ram zichzelf wierp van al zijn krachten tegen het
(met)

glace **et** **il** **la** **brisa** **en** **mille** **morceaux.**
glas en hij het brak in duizend stukjes

Puis **il** **descendit** **l'escalier** **et** **quitta** **la** **maison,** **très** **fier**
Vervolgens hij daalde af de trap en verliet het huis zeer trots

d'avoir **mis** **l'autre** **bélier** **en** **fuite.**
te hebben gezet de andere ram op (de) vlucht
(gejaagd)

14 ABC

Le soir, Berthe fut sévèrement punie par sa mère, et
De avond Berthe was streng gestraft door haar moeder en
(werd)

je vous jure qu'elle ne laisse plus les portes ouvertes.
ik jullie zweer dat ze niet laat meer de deuren open

Canard
Eend

Une   cane   couvait   une   douzaine   d'œufs   qu'on   avait   mis
Een   wijfjeseend broedde op een   dozijn   van eieren   die men   had   geplaatst
                                                    (eieren)

sous   elle.   Onze   de   ces   œufs   ressemblaient   à   tous   les
onder   haar   Elf   van   deze   eieren leken   op   al   de

œufs   de   cane,   mais   le   douzième   était   plus   gros   et
eieren   van   wijfjeseend maar de   elfde   was   meer   groot   en

d'une   espèce   différente.
van een soort   andere

17 ABC

La cane était très fière de cet œuf; elle le montrait à
De wijfjeseend was erg trots van dit ei zij het toonde aan
(op)

toutes les voisines qui venaient la voir et elle disait:
al de buren welke kwamen haar te zien en zij zei

"Voyez comme il est gros! Je suis sûre qu'il en sortira
Ziet hoe het is groot Ik ben zeker dat het ervan zal uitkomen

un superbe caneton.."
een grootse woerd

Au   bout   de   quelque   temps,   la   mère   cane   entendit,   dans
Op het eind   van   enige   tijd   de   moeder   wijfjeseend hoorde   in

l'intérieur   des   onze   œufs   ordinaires,   de   petits   coups   de
het binnenste   van de   elf   eieren   gewoon   van   kleine   tikken   van
()

bec,   puis   des   pépiements.
snavel   toen   van het   gepiep
()

Puis   elle   vit   sortir   des   coquilles   onze   petits   canards
Toen   ze   zag   uitkomen   van de   schalen   elf   kleine   eenden

charmants,   habillés   de   duvet   jaune.   Mais   le   douzième
charmant   gekleed   van   dons   geel   Maar   het   elfde
(schattig)   (met)

œuf   tardait   à   éclore.
ei   wachtte   om   uit te komen

19 ABC

Et, bien que cela inquiétât un peu la mère, elle
En wel dat   dat   bezorgd maakte   een   beetje   de   moeder   zij
(hoewel)

se disait:
tot zichzelf zei

"L'enfant n'en sera que plus beau."
Het kind   niet ervan zal zijn   dan   meer   mooi

Et patiemment elle se remit à couver..
En   geduldig   zij   zich   weer zette te   broeden

Mais, quand enfin l'œuf éclata, la pauvre mère fut
Maar toen tenslotte het ei uitbrak de arme moeder was

épouvantée.
verschrikt

Ce n'était pas du tout un superbe caneton, mais un
Dit niet was helemaal niet een grootse mannetjeseend maar een
(was)

vilain petit animal, avec un cou trop long, un corps
lelijk klein dier met een nek te lang een lichaam

trop gros, et qui marchait les pattes en dedans, sans
te groot en die liep de poten in erin zonder
[naar binnen]

aucune élégance.
enige elegantie

Les onze frères et sœurs se moquaient de lui, et la
De elf broers en zussen spotten van hem en de
(met)

mère elle-même, quand elle conduisait ses enfants à la
moeder haar zelf wanneer ze leidde haar kinderen naar de

mare, avait honte de lui parce que tout le monde disait
vijver had schaamte om hem omdat heel de wereld zei
[iedereen]

sur son passage:
op haar passage

"Oh! voyez donc ce vilain petit canard!."
Oh kijk dan deze lelijke kleine · eend

Personne   ne   voulait   jouer   avec   lui,   et   le   pauvre   petit
Niemand   niet   wilde   spelen   met   hem   en   de   arme   kleine

fut   bien   malheureux.
was   erg   ongelukkig

Il   tendait   son   cou   trop   long   vers   le   ciel   comme   pour
Hij   strekte   zijn   nek   te   lang   naar   de   hemel   alsof   om
[zijn te lange nek]

dire: "Ah!   pourquoi   suis-je   né?"   ou   bien,   le   rabattant
te zeggen   Ach   waarom   ben   ik   geboren   of   goed   hem   opvouwende
[ofwel]   (de nek)

tristement   le   long   de   son   corps,   il   restait   à   rêver   dans
droevig   de   lengte   van   zijn   lichaam   hij   bleef   te   dromen   in
[langs]   ()

un   coin.
een   hoek

Un	jour	que	les	autres	l'avaient	houspillé	plus	que	de
Één	dag	dat	de	anderen	hem hadden	slecht behandeld	meer	dan	van
(Op een)									()

coutume,	il	prit	le	parti	de	quitter	sa	famille.	Il	marcha
gebruikelijk	hij	nam	het	deel	van	te verlaten	zijn	familie	Hij	liep
			[ervoor koos]							

longtemps	devant	lui	et	arriva	près	d'un	lac	où
een lange tijd	voor	hem	en	kwam	nabij	van een	meer	waar

nageaient	des	cygnes.
zwommen	van de	zwanen
	()	

"Ah!"	dit	le	vilain	petit	canard,	"que	ces	oiseaux	sont
Ach	zei	de	lelijke	klein	eend	wat	deze	vogels	zijn

beaux!	Pour	sûr	ils	me	chasseront,	car	je	suis	trop
mooi	Voor	zeker	zij	me	zullen wegjagen	omdat	ik	ben	te
	()	(Zeker)							

laid.."
lelijk

Et il   se   disposait   à   se   retirer,   lorsqu'une   grand'mère
En hij maakte zich klaar   om zich terug te trekken toen een   grootmoeder

cygne, qui se   reposait   sur   la   rive,   l'interpella:
zwaan   die zich rustte   op   de   oever hem aansprak
        ()   (aan)

"Hep! mon enfant, d'où viens-tu et comment t'appelles-tu?"
He   mijn kind   van waar kom   jij en hoe   jezelf noem   je

25 ABC

"Je viens de la basse-cour, madame, et je m'appelle
Ik kom van het lage hof Mevrouw en ik mijzelf noem
[gedeelte voor gevogelte en dieren] (heet)

canard. Je suis parti parce que mes camarades me
eend Ik ben vertrokken omdat mijn kameraden mij

trouvent trop laid et ne veulent pas jouer avec moi."
vinden te lelijk en niet willen niet spelen met mij

"Pauvre petit!" dit la grand'mère. "Le fait est que tu
Arme kleine zei de grootmoeder Het feit is dat je

n'es pas bien joli, mais cela vient de ce que tu es
niet bent niet erg mooi maar dat komt van dit dat je bent
()

fatigué et triste.."
moe en droevig

"Attends   un   peu   que   je   t'examine.   Tu   me   rappelles   un
Wacht   een   beetje   dat   ik   je onderzoek   Je   mij   herinnert   een

petit-fils   que   j'ai   perdu..."
klein   zoon   die   ik heb   verloren
(klein-)

"Oui,   il   n'y   a   aucun   doute   là-dessus,   tu   n'es
Ja   het niet er heeft   geen   twijfel   daar op   je   niet bent
(er is)   (aan)   (bent)

pas   du   tout   un   petit   canard,   tu   es   bien   un   cygne.
helemaal niet   een   kleine   eend   je   bent   welzeker   een   zwaan
(wel degelijk)

C'est   la   fermière   qui   a   dû   glisser   un   de   nos   œufs
Het is   de   boërin   die   heeft   moeten   (laten) glijden   een   van   onze   eieren

parmi   les   œufs   de   cane;"
tussen   de   eieren   van   wijfjeseend
(van een)

"Et celle que tu as prise pour ta mère n'était que ta
En diegene die je hebt genomen voor je moeder was niet dan je
[was slechts]

couveuse. Pauvre petit orphelin, viens sur mon cœur!"
uitbroedster Arme kleine wees kom op mijn hart
(aan)

Puis la grand'mère appela tous les autres cygnes, et
Toen de grootmoeder riep alle de andere zwanen en

elle leur raconta l'histoire du vilain petit canard.
ze hen vertelde de geschiedenis van de lelijke kleine eend

"Il n'est pas si vilain que ça," dirent les cygnes.
Hij is niet niet zo lelijk dat dat zeiden de zwanen
() (als)

Et un monsieur cygne, avec un magnifique plastron blanc
En een meneer zwaan met een prachtige borst voorkant wit

et de beaux pieds vernis, déclara:
en met mooie voeten gepoetst sprak uit

29 ABC

"Qu'il reste parmi nous, et dans trois mois je lui
Dat hij blijve tussen ons en in drie maanden ik hem
(zal blijven)

donne ma fille en mariage."
geef mijn dochter in huwelijk
(ten)

Demoiselle
Mejuffrouw
(Waterjuffer)

Savez-vous	ce	que	c'est	qu'une	demoiselle?
Weet u	dit	dat	het is	dat een	mejuffrouw
		[wat is]			(waterjuffer)

Une	demoiselle	est	une	longue	et	jolie	mouche	qui
Een	mejuffrouw	is	een	lange	en	mooie	vlieg	die
	(waterjuffer)					(mooi)	(insect)	

habite	près	des	ruisseaux	et	des	étangs	sur	une	feuille
leeft	dichtbij	van de	beekjes	en	van de	vijvers	op	een	blad
		()							

de	nénuphar.
van	waterlelie

On l'appelle demoiselle parce qu'elle a la taille fine, un
Men noemt haar juffer omdat dat ze heeft de taille fijn een
(slanke)

corselet de satin vert, des ailes aussi délicates que la
lijfje van satijn groen van de vleugels zo sierlijk als de
()

mousseline de vos robes, et parce qu'elle se pose
mousseline van je kleding en omdat dat ze zichzelf zet

souvent au bord de sa feuille pour se regarder dans
vaak aan de rand van haar blad om zich te bekijken in

l'eau, comme les vraies demoiselles se regardent dans
het water zoals de echte juffertjes zichzelf bekijken in
(jonge dames)

leur miroir.
hun spiegel

Escargot
Slak

I

I

Il y avait une fois un monsieur et une madame
Het er had   een keer een meneer en een mevrouw
(Er was)

Escargot qui vivaient sur un chou.
Slak   die leefden   op een kool

Ils étaient gros, gras et luisants, et ils auraient pu être
Ze waren   groot dik en glanzend   en ze zouden hebben gekund zijn

heureux.
   gelukkig

35 DEFG

Mais	ils	n'avaient	pas	d'enfant,	et	cela	leur	manquait
Maar	zij	niet hadden	niet	van kind	en	dat	hun	miste
		(hadden geen)	()	(kinderen)				

beaucoup.
veel

Un	jour,	vint	à	passer	près	de	leur	chou	un	pauvre
Een	dag	kwam	te	voorbijgaan	dichtbij	van	hun	kool	een	arme
(Op een)						()				

petit	escargot	maigre	qui	leur	demanda	l'aumône.
kleine	slak	mager	die	hen	vroeg	de aalmoes

Ils	le	questionnèrent	et	ils	apprirent	qu'il	était	orphelin.
Ze	hem	ondervroegen	en	ze	vonden uit	dat hij	was	wees

Aussitôt	Mme	Escargot,	tout	attendrie,	dit	à	son	mari:
Meteen	Mevrouw	Slak	helemaal	vertederd	zei	tegen	haar	echtgenoot

"Si   nous   l'adoptions?"
(Wat) Als wij   hem adopteren

"J'allais   te   le   proposer,"   répondit   M.   Escargot.
Ik ging   je   het   voorstellen   antwoordde   Mr   Slak

Et   il   sortit   presque   entièrement   de   sa   maison   pour
En   hij   kwam uit   bijna   helemaal   van   zijn   huis   om
                                        (uit)

embrasser   son   nouveau   fils.
te omhelzen   zijn   nieuwe   zoon

En   peu   de   temps,   le   petit   escargot   devint   gros,   gras
In   weinig   van   tijd   de   kleine   slak   werd   groot   dik
              ()

et   luisant.
en   glanzend

37 DEFG

Alors la mère Escargot dit au père Escargot:
Toen de moeder Slak zei tegen de vader Slak

"Mon ami, il faut marier notre fils. Il faut lui chercher
Mijn vriend het is nodig te trouwen onze zoon Het is nodig hem zoeken

une jolie fille de notre monde, afin que nous ayons de
een leuk meisje van onze wereld zo dat wij hebben van
()

beaux petits-enfants."
mooie kleinkinderen

"J'allais te le proposer," répondit le mari. "Mais à qui
Ik ging je het voorstellen antwoordde de echtgenoot Maar aan wie

nous adresser pour cela?"
ons richten voor dat

"De   mon   balcon   vert,"   dit   Mme   Escargot,   "je   vois   le
Van   mijn   balkon   groen   zei   Mevrouw   Slak   Ik   zie   het

peuple   des   fourmis..."
volk   van de   mieren

Fourmi
Mier

II
II

"Le   peuple   des   fourmis,"   dit   Mme   Escargot,   "est   un
Het   volk   van de   mieren   zei   Mevrouw   Slak   is   een

peuple   actif   qui   va   et   vient   sans   cesse   sur   les   routes
volk   nijver   dat   gaat   en   komt   zonder   onderbreking   op   de   wegen

de   France   et   qui   doit   connaître   beaucoup   de   gens   et
van   Frankrijk   en   dat   moet   weten   veel   van   mensen   en

être   au   courant   de   beaucoup   de   choses."
zijn   op de   rennend   van   veel   van   dingen
    [op de hoogte]   ()

"Nous   allons   demander   aux   fourmis   si   elles   ne
Wij   gaan   vragen   aan de mieren   of   ze   niet

connaîtraient   pas   une   jeune   fille   digne   d'épouser   notre
zouden kennen   niet   een   jong   meisje   waardig van te trouwen ons
                 ()

escargoton."
slakje

"J'allais   te   le   proposer,"   dit   le   père   Escargot.   Et   il
Ik ging   je   het   voorstellen   zei   de   vader   Slak   En   hij

descendit   de   son   balcon   avec   sa   femme   pour   interroger
daalde af   van   zijn   balkon   met   zijn vrouw   om   te ondervragen

les   fourmis.
de   mieren

Les   fourmis   répondirent: "Justement,   nous   avons   ce   qu'il
De   mieren   antwoordden   Precies   wij   hebben   dit   wat het

vous   faut."
(aan) u is nodig

"A quelques mètres d'ici, dans le trou d'un vieux mur,
Op enkele meters van hier in het gat van een oude muur

vit une demoiselle Escargot de la plus jolie coquille,
leeft een juffrouw Slak van de meest leuke schelp
(met)

dont on a dernièrement fait cuire les parents. La
van welke men heeft recent gedaan koken de ouders Het

pauvrette est toute seule au monde."
arme ding is helemaal alleen in de wereld

"Elle ne restera pas seule longtemps," s'écrièrent
Zij niet zal blijven niet alleen lang riepen uit
()

ensemble M. et Mme Escargot.
samen Mr en Mevr Slak

"Allez, je vous prie, la demander en mariage pour
Gaat ik u bid haar vragen in huwelijk voor
(ten)

monsieur notre fils."
meneer onze zoon

Les	fourmis	se	mirent	en	route	et	arrivèrent	près	du
De	mieren	zich	zetten (begaven)	op	weg	en	kwamen aan	bij	van de

vieux	mur	où	l'orpheline	pleurait	ses	parents	qu'on	avait
oude	muur	waar	het weesje	beweende	haar	ouders	die men	had

fait	cuire.
gedaan	koken

Elle	fut	si	heureuse	de	la	proposition,	qu'elle	accorda
Zij	was	zo	gelukkig	van (met)	het	voorstel	dat ze	gaf

tout	de	suite	sa	main,	même	sans	le	connaître,	au	fils
alles	van [meteen]	opvolgend	haar	hand	zelfs	zonder	hem	te kennen	aan de	zoon

adoptif	des	vieux	escargots,	et	qu'elle	se	mit	en
adoptief	van de (door de)	oude	slakken	en	dat ze	zich	zette	in

marche,	en	bavant	de	joie	tout	le	long	du	chemin.
beweging	terwijl	kwijlende (slijmende)	van	vreugde	heel	de	lengte	van de	weg

Mais   elle   n'avançait   pas   vite.   Alors   les   fourmis
Maar   zij   niet kwam vooruit   niet   snel   Toen   de   mieren
()

fabriquèrent   avec   des   brins   d'herbe   une   chaise   à   porteur
fabriceerden   met   van de   stengels   van gras   een   stoel   tot   draagbaar
()   [draagstoel]

qu'elles   chargèrent   sur   leurs   épaules.
die ze   legden   op   hun   schouders

Et   c'est   ainsi   que   la   pauvre   orpheline   arriva,   après
En   het is   zo   dat   het   arme   weesmeisje   arriveerde   na

plusieurs   jours,   au   chou   de   ses   beaux-parents   et   dans
enkele   dagen   bij de   kool   van   haar   schoon-   ouders   en   in

les   bras   de   son   fiancé.
de   armen   van   haar   verloofde

Gâteau
Taart

On   avait   donné   à   deux   enfants   un   gros   gâteau   et   un
Men   had   gegeven   aan   twee   kinderen   een   grote   taart   en   een

petit,   en   leur   disant: "Partagez!"
kleine   terwijl   hen   zeggende   Deel

Les   deux   enfants   étaient   une   petite   fille   de   six   ans   et
De   twee   kinderen   waren   een   klein   meisje   van   zes   jaren   en

un   petit   garçon   de   quatre   ans.
een   kleine   jongen   van   vier   jaren

"Tiens!" **dit** **la** **petite** **fille,** **"prends** **ce** **joli** **petit** **gâteau.**
Neem   zei   het   kleine   meisje   neem   deze   mooie   kleine   taart
(Kijk)

Moi, **je** **mangerai** **ce** **vilain** **gros."**
Mij   ik   zal eten   deze   lelijke   grote
(Ik)

"J'aime **mieux** **le** **vilain** **gros,"** **dit** **le** **petit** **garçon.**
Ik hou van   beter   de   lelijke   grote   zei   de   kleine   jongen
[Ik heb liever]

"Mais **puisqu'il** **est** **vilain!"**
Maar   omdat hij   is   lelijk
[Maar hij is toch lelijk]

"Oui, **mais** **il** **est** **gros!"**
Ja   maar   hij   is   groot

Hirondelle
Zwaluw

Tout	le	monde	sait	que	les	hirondelles	s'en	vont	l'hiver
Heel	de	wereld	weet	dat	de	zwaluwen	zich ervan gaan		de winter
[Iedereen]							(gaan ervandoor)		

dans	les	pays	chauds	et	ne	reviennent	qu'au	printemps.
in	de	landen	warm	en	niet	terugkomen	dan in de	lente

Pour	faire	ce	long	voyage,	les	mères	hirondelles
Om	te maken	deze	lange	reis	de	moeders	zwaluwen
						(moeder-)	

rassemblent	leurs	petits	autour	d'elles.
verzamelen	hun	kleintjes	rond	van hen
				(zich)

Mais une pauvre petite hirondelle, qui était tombée du
Maar een arme kleine zwaluw die was gevallen van het
(uit het)

nid un jour de grand vent, boitait encore un peu et
nest een dag van grote wind mank liep nog een beetje en
(op een) (harde)

ne put pas s'envoler avec ses frères et sœurs.
niet kon niet uit vliegen met haar broers en zussen
()

Elle resta tristement au bord du toit, d'où elle vit
Zij bleef treurig aan de rand van het dak van waar ze zag

s'éloigner sa famille, et elle serait certainement morte de
zich verwijderen haar familie en ze zou zijn zeker gestorven van

faim, de froid et de chagrin, si les enfants de la
honger van kou en van verdriet als de kinderen van het

maison ne l'avaient recueillie.
huis niet haar hadden opgenomen

Ils la mirent dans une cage, à côté du poêle; ils la
Zij haar zagen in een kooi aan zijde van de kachel zij haar
(hielden) (de zijde)

nourrirent de mouches et de vers, si bien que
voedden van vliegen en van wormen zo goed dat
(met) (met)

l'hirondelle était en très bonne santé et ne boitait plus
de zwaluw was in zeer goede gezondheid en niet mank liep meer

du tout au retour du printemps.
helemaal bij de terugkeer van de lente

Et quand les parents de l'hirondelle revinrent des pays
En toen de ouders van de zwaluw kwamen terug uit de landen

chauds, les enfants
warm de kinderen

ouvrirent la cage. La petite hirondelle reconnut sa mère
openden de kooi De kleine zwaluw herkende haar moeder

et, avec des cris de
en met van de kreten van
()

joie, elle se jeta dans ses ailes.
vreugde ze zich wierp in haar vleugels

Ibis
Ibis

Dans la basse-cour d'un château se trouva, parmi toutes
In   het lage   hof   van een kasteel bevond zich tussen alle
[terrein voor kleine beesten en gevogelte]

sortes de volailles, un ibis rose.
soorten van gevogelte een ibis roze

Il avait été rapporté d'Égypte par le fils de la maison,
Hij had geweest meegenomen van Egypte door de zoon van het huis
(was) ()

qui était grand voyageur.
die was grote reiziger

Au   commencement,   on   eut   beaucoup   d'égards   pour   ce
Aan het   begin   men   had   veel   van beleefdheid   voor   deze

noble   étranger.   Aussitôt   que   l'ibis   déployait   ses   ailes,   les
nobele   vreemdeling   Zodra   dat   de ibis   uitvouwde   haar   vleugels   de
()

pigeons   roucoulaient:
duiven   koerden

"Oh!   que   c'est   beau!   On   dirait   des   pêchers   en   fleur!"
Oh   hoe   het is   mooi   Men   zou zeggen   van de   perzikbomen   in   bloei
()

Les   poules   admiraient   la   courbe   élégante   de   son   bec.
De   hennen   bewonderden   de   curve   elegant   van   zijn   snavel

Les   canards,   qui   sont   si   bas   sur   pattes,   regardaient
De   eenden   die   zijn   zo   laag   op   (de) poten   bekeken

avec   envie   les   longues   jambes   de   l'ibis,   qui   semblaient
met   jaloezie   de   lange   benen   van   de ibis   die   leken

peintes   au   ripolin   rose.
geschilderd   met de   merk verf   roze
(ripolin)

Flatté,   l'ibis   marchait   de   long   en   large.
Gevleid   de ibis   stapte   van   lang   in   breed
[heen en weer]

Il   leur   parlait   de   sa   patrie   l'Égypte,   du   Nil,   des
Hij   hun   sprak   van   zijn   vaderland   het Egypte   van de   Nijl   van de
(Egypte)

autruches,   des   pyramides   et   des   minarets   du   Caire.
struisvogels   van de   pyramides   en   van de   minaretten   van het   Cairo
(van)

D'abord   on   l'avait   écouté   avec   respect;   mais   peu   à   peu
Initieel   men   hem had   aangehoord   met   respect   maar   beetje   bij   beetje

on   trouva   qu'il   racontait
men   vond uit   dat hij   zei

toujours   la   même   chose.
altijd   het   zelfde   ding

Le   dindon   disait   avec   colère:
De   kalkoen   zei   met   boosheid

"Quel   rabâcheur!"
Wat   zeur
        (een zeur)

La   pintade   se   moquait   de   son   nez   d'ivrogne,   et   un
De   parelhoender zich   spotte   van   haar   neus   van dronkaard   en   een
                     ()   (met)   (van een dronkaard)

caneton   poussa   l'impertinence   jusqu'à   lui   demander   combien
mannetjeseend duwde   de brutaliteit   tot aan   hem   te vragen   hoeveel
               (dreef)

les   baguettes   qui   lui   servaient   de   jambes   lui   avaient
de   stokjes   die   hem   dienden   van   benen   hem   hadden
                                           (als)

coûté   le   centimètre.
gekost   de   centimeter

Alors   le   pauvre   ibis   rose   se   retira   dans   un   coin.   Et   il
Toen   de   arme   ibis   roze   zich   terugtrok   in   een   hoek   En   hij

se   tenait   tout   raide   sur   une   patte,   rêvant   de   son   pays,
zich   hield   helemaal   stijf   op   één   poot   dromende   van   zijn   land

du   Nil,   des   pyramides   et   des   minarets.
van de   Nijl   van de   pyramides   en   van de   minaretten

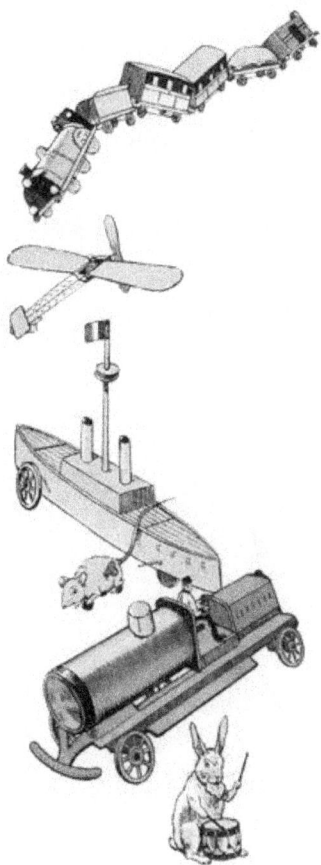

Jouets
Speelgoed

Un petit garçon de la ville, Robert, avait des jouets à
Een kleine jongen van de stad Robert had van de speeltjes op
(met)

mécanique, très chers, qu'il fallait toujours remonter, qui
mechaniek zeer duur die het nodig was altijd te repareren die
(die)

se cassaient très souvent et qui ne l'amusaient
kapot gingen erg vaak en die niet hem amuseerden

pas du tout.
niet van de helemaal
(helemaal niet)

59 HIJK

Un jour, il rencontra un petit garçon de la campagne,
(Op) Een dag hij ontmoette een kleine jongen van het platteland

Mathieu, à qui ses parents ne donnaient pas de jouets,
Mathieu aan wie zijn ouders niet gaven niet van speelgoed
() ()

mais qui fabriquait lui-même des sifflets, des canons ou
maar die vervaardigde hij zelf van de fluitjes van de kanonnen of

des pompes avec du sureau, des noyaux d'abricots et
van de pompen met van de vlierbessenhout van de pitten van abrikozen en
(van)

des pailles.
van de strootjes
(van)

"Oh! que c'est joli et amusant!" dit Robert. "Apprends-moi
O wat het is mooi en leuk zei Robert Leer mij

comment tu fais."
hoe je (dat) doet

Mathieu   le   lui   apprit.
Mathieu   het hem leerde

Robert   vendit   à   une   vieille   marchande   de   bric-à-brac   ses
Robert   verkocht aan een   oude   koopman   van ouwe troep   zijn

jouets   mécaniques   devenus   inutiles,   et,   avec   les   sous
speelgoed mechanisch   geworden   nutteloos   en   met   de   centen

qu'il   en   retira,   il   acheta   des   gâteaux,   que   les   deux
dat hij ervan   terugtrok   hij kocht   van de   taarten   die   de   twee
         (ervoor) (kreeg)   ()   (taartjes)

enfants   mangèrent   de   grand   appétit.
kinderen   aten   met   grote   eetlust

Kangourou
Kangoeroe

Du   temps   où   les   kangourous   vivaient   dans   le   paradis
Van de   tijd   waar   de   kangoeroes   leefden   in   het   paradijs
(In de)   (toen)

terrestre,   leurs   pattes   de   devant   étaient   aussi   longues
aards   hun   poten   van   voor   waren   even   lang

que   celles   de   derrière.
als   die   van   achter

Mais, à cause de cette longueur de leurs pattes, les
Maar door oorzaak van deze lengte van hun poten de

kangourous étaient devenus extrêmement voleurs.
kangoeroes waren geworden heel erg dieven
(diefachtig)

Ils n'avaient qu'à étendre le bras pour attraper les
Zij niet hadden dan te uit te strekken de armen om te grijpen de
[hoefden slechts]

branches et cueillir les plus beaux fruits, qu'ils
takken en te verzamelen de meest mooie vruchten die ze

enfouissaient ensuite dans la grande poche qu'ils portent
verborgen vervolgens in de grote zak die ze dragen

sur le ventre.
op de buik

Ainsi   ils   dépouillaient   les   arbres   du   paradis.
Zo   zij   plukten kaal   de   bomen   van het paradijs

Les   autres   bêtes,   qui   ne   pouvaient   pas   en faire   autant,
De   andere   dieren   die   niet konden   niet   ervan doen hetzelfde
                                                ()   [hetzelfde doen]

se   plaignirent   au   bon
klaagden   bij de   goede

Dieu.
God

Le   bon   Dieu   fit   venir   devant   lui   les   kangourous   et,
De   goede God   deed komen   voor   zich   de   kangoeroes   en

pour   qu'il   leur   fût   plus
om   dat het (voor) hen was   meer
(zo)

difficile   de   voler   les   fruits,   il   leur   raccourcit   les   pattes
moeilijk   van   te stelen het   fruit   hij   hun   verkortte   de   poten

de   devant.
van   voor

65 HIJK

Depuis	ce	temps-là,		les	kangourous	ont	ces	moignons
Sinds	die	tijd	daar ()	de	kangoeroes	hebben	die	stompjes

que	vous	voyez	sur	l'image,	et	la	poche	de	leur
die	u	ziet	op	het plaatje	en	de	zak	van	hun

ventre	ne	leur	sert	plus	que	pour	y	cacher	leurs	petits.
buik	niet	hen	dient	meer	dan	om	er	te verbergen	hun	kleintjes

Loup
wolf

Quand	le	loup	eut	mangé	les	six	petits	biquets,	il	se
Toen	de	wolf	had	opgegeten	de	zes	kleine	geitjes	hij	zich

sentit	le	ventre	si	lourd,	qu'il	alla	faire	un	somme
voelde	de	buik	zo	zwaar	dat hij	ging	doen	een	dutje

derrière	le	puits.
achter	de	put

Il avait oublié de manger le septième petit biquet, qui
Hij had vergeten te eten het zevende kleine geitje die

s'était caché sous le lit.
zich was verborgen onder het bed
(zich had)

Aussi, quand la mère chèvre revint du marché avec un
Zo toen de moeder geit kwam terug van de markt met een
(Dus)

panier au bras, ce fut ce petit biquet qui lui apprit
mand aan de arm het was dit kleine geitje dat haar leerde
(vertelde)

que le loup avait mangé ses six petits frères.
dat de wolf had opgegeten haar zes klein broers

"Ah!   mes   enfants!   mes   chers   enfants!"   chevrotait   la
Ach   mijn   kinderen   mijn   lieve   kinderen   mekkerde   de

chèvre   en   essuyant   ses   yeux   avec   un   coin   de   son
geit   onderwijl   afdrogende   haar   ogen   met   een   hoek   van   haar

tablier.
schort

Mais,   retrouvant   son   courage,   elle   prit   son   dernier-né   par
Maar   terugvindende   haar   moed   zij   nam   haar   laatst   geborene   bij

la   main   et   se   mit   à   la   recherche   du   loup.   Elle   ne
de   hand   en   zich   zette   op   de   zoektocht   van de   wolf   Zij   niet
          [ging]   ()   (zoek)   (naar de)   ()

fut   pas   longtemps   à   le   trouver   qui   dormait   sur   ses
was   niet   lange tijd   om   hem   te vinden   die   sliep   op   zijn
(was bezig)   [was diep in slaap]

deux   oreilles   derrière   le   puits   et   qui   ronflait   de   toutes
twee   oren   achter   de   put   en   die   snurkte   van   al
                                   (met)

ses   forces.
zijn   krachten

"Attends,   brigand!   dit   la   mère   chèvre;   tu   vas   voir!"
Wacht   schurk   zei   de   moeder   geit   jij   gaat   zien
(Wacht maar)   (zult)

Et,	tirant	de	son	panier	un	couteau	de	cuisine,	d'un
En	halende	uit	haar	mand	een	mes [keukenmes]	van	keuken	van een (met een)

seul	coup	elle	fend	le	ventre	du	loup	dans	toute	sa
enkele	slag	zij	spleet	de	buik	van de	wolf	in	heel	zijn

longueur,	et	les	six	petits	biquets	sautent	au	cou	de
lengte	en	de	zes	kleine	geitjes	sprongen uit	om de	hals	op

leur	mère.	Car	le	loup	les	avait	avalés	si	goulûment,
hun	moeder	Want	de	wolf	hen	had	ingeslikt	zo	gulzig

qu'il	n'avait	pas	pris	le	temps	de	les	mâcher	et	qu'ils
dat hij	niet had	niet ()	genomen	de	tijd	om	hen	te kauwen	en	dat ze

étaient	encore	en	vie.
waren	nog	in	leven

La	chèvre	et	les	biquets	rirent	et	pleurèrent	ensemble
De	geit	en	de	geitjes	lachten	en	huilde	samen

un	instant;	puis	la	mère	dit:
een	moment	toen	de	moeder	zei

"Ce n'est pas tout! Allez vite me chercher six grosses
Dit niet is niet alles Ga snel voor mij zoeken zes grote
(is)

pierres. Je vais les mettre à votre place dans le
stenen Ik ga ze leggen in jullie plaats in de

ventre du loup, et je lui recoudrai la peau.
buik van de wolf en ik hem weer dicht naai de huid

Comme cela, il ne s'apercevra de rien à son réveil."
Zoals dat hij niet merkt van niets bij zijn ontwaken
(Op die manier) () ()

Quand tout fut terminé, la mère et les enfants allèrent
Toen alles was klaar de moeder en de kinderen gingen

se cacher, pour voir ce que ferait le loup.
zich verstoppen om te zien dat wat zou doen de wolf

Au bout d'un moment, il se réveilla, se frotta les
Aan het eind van een ogenblik hij zich wekte zich wreef de
(Na een) (werd wakker) (zijn)

paupières, puis se tâta le ventre.
oogleden vervolgens zich klopte de buik

"Comme il est dur!" grogna-t-il.
Hoe hij is hard gromde hij
(Wat)

"Sans doute je n'ai pas bien digéré. Ah! je sais, j'ai
Zonder twijfel ik niet heb niet goed verteerd Ach ik weet ik heb

oublié de boire."
vergeten van te drinken

Et, se levant, il alla vers le puits. Dans son ventre,
En staande op hij ging naar de put In zijn buik

les six pierres faisaient un bruit étrange.
de zes stenen maakten een geluid raar

"Je ne sais vraiment pas ce qui cogne comme cela
Ik niet weet werkelijk niet dat wat bonkt zoals dat

dans mon ventre!" dit le loup.
in mijn buik zei de wolf

Et il se pencha pour boire.
En hij zich leunde voorover om te drinken
()

Mais   ce   mouvement   précipita   les   pierres   l'une   sur   l'autre
Maar   deze   beweging   liet omlaag storten   de   stenen   de één   op   de ander

dans   l'estomac   du   loup,   leur   poids   l'entraîna   en   avant,
in   de maag   van de   wolf   hun   gewicht   hem meesleurde   naar voren

et   le   vieux   brigand   tomba   la   tête   en   bas   dans   le   fond
en   de   oude   booswicht   viel   het   hoofd   naar beneden   in   de   bodem

du   puits.
van de   put

Alors   la   chèvre   et   ses   sept   petits   dansèrent   autour   du
Toen   de   geit   en   haar   zeven   kleinjes   dansten   rondom   van de
(de)

puits   une   ronde   joyeuse.
put   een   rondje   vrolijk

Moineau
Mus

Dans   un   champ   de   millet,   les   moineaux   venaient   picorer
In   een   veld   van   gierst   de   mussen   kwamen   te pikken

les   épis.
de   oren
      (aren)

Le   chat   du   meunier   les   guettait   depuis   longtemps,   sans
De   kat   van de molenaar   ze   observeerde sinds   lang   zonder

réussir   à   les   attraper;   car,   aussitôt   qu'il   s'approchait,   les
erin te slagen om ze te vangen   omdat zodra   dat hij   naderbij kwam   de

oiseaux   s'envolaient.
vogels   wegvlogen

"Je vous prendrai quand même, petits nigauds," dit le
Ik jullie zal te pakken krijgen toch wel kleine domkoppen zei de

chat en méditant une ruse.
kat in denkende over een list
(terwijl)

Il alla tremper une de ses pattes de devant dans le
Hij ging dopen één van zijn poten van voor in de

ruisseau, puis il courut au moulin la plonger dans un
beek daarna hij rende naar de molen (om) haar te dopen in een

tas de millet en grain, de façon que les grains restèrent
hoop van gierst in korrels van manier dat de korrels bleven
(gierst korrels) (zodat)

collés autour de sa patte mouillée.
vast rond van zijn poot nat

"Ainsi, se dit-il, ma patte ressemblera à un gros épi
Zo zich zei hij mijn poot zal lijken op een grote aar

de millet, et les oiseaux s'y laisseront prendre."
van gierst en de vogels zich er zullen laten pakken
(zullen zich laten)

A cloche-pied,   il   gagne   le   champ   de   millet,   s'y   couche
Op huppende voet   hij   bereikt   het   veld   van   gierst   zich er   legt neer
(Hinkend)

sur   le   dos   et   lève   la   patte   en   l'air.
op   de   rug   en   heft op   de   poot   in   de lucht
(zijn)

Les   oiseaux   la   prirent   pour   un   épi   et   se   mirent   à   en
De   vogels   hem   namen   voor   een   aar   en   zich zetten   om   ervan
(aanzagen)

picorer   les   grains.   Alors   vite,   avec   l'autre   patte,   le   chat
te pikken   de   korrels   Toen   snel   met   de andere   poot   de   kat

les   attrapa.
hen   ving

Bientôt   les   moineaux   s'aperçurent   du   piège,   et   ils
Snel   de   mussen   merkten op   van de   val   en   ze
(de)

cherchèrent   un   autre   champ.
zochten   een   ander   veld

Mais	l'un	d'eux,	qui	avait	failli	être	mangé,	en	garda
Maar	de één (één)	van hen	die	had (was)	(net) gemist	te zijn	opgegeten	ervan	hield

une	telle	frayeur,	qu'il	prit	désormais	chaque	épi	pour
een	dergelijke	angst	dat hij	nam (aanzag)	voortaan	elke	aar	voor

une	patte	de	chat,	et	jura	de	ne	plus	manger	que
een	poot	van	kat	en	zwoer	van ()	niet	meer	te eten	dan

des	fruits	pendus	aux	branches	des	arbres.
van de	vruchten	gehangen (hangende)	aan de	takken	van de	bomen

Neige
Sneeuw

Quatre	petites	filles	regardaient	par	la	fenêtre	la	neige
Vier	kleine	meisjes	bekeken	door	het	raam	de	sneeuw

tomber.	Elles	étaient	nées	en	Orient,	où	il	ne	fait
vallen	Ze	waren	geboren	in	(het) Oosten	waar	het	niet	doet (is)

jamais	très	froid,	et	c'était	la	première	fois	qu'elles
ooit	erg	koud	en	het was	de	eerste	keer	dat ze

voyaient	de la	neige.
zagen	van de ()	sneeuw

82 LMN

"Qu'est-ce que cela peut bien être?" dit Léila, la plus
Wat is het   dat   dat daar kan   wel zijn   zei Léila de meest

petite.
kleine

"Je sais," répondit Cora.
Ik weet   antwoordde Cora
(weet het)

"On fait le ménage au ciel, et c'est la Sainte Vierge
Men doet het huishouden in de hemel en het is de Heilige Maagd

qui bat son lit de plumes."
die slaat haar bed van veren

"Pas du tout," déclara Myriam;
Niet van de helemaal sprak uit Myriam
[Helemaal niet]

"ce ne sont pas des plumes, mais des petits bouts de
dit niet zijn niet van de veren maar van de kleine stukjes van
() (geen) () ()

papier, et ce sont les anges qui vident les corbeilles
papier en het zijn de engelen die legen de manden

où le petit Jésus a jeté les lettres que les enfants lui
waarin de kleine Jezus heeft gegooid de brieven die de kinderen hem

écrivent à Noël. Oui, oui, j'en suis sûre, je reconnais
schrijven op Kerstmis Ja ja ik ervan ben zeker ik herken

mon papier."
mijn papier

"Moi," dit Séphora la gourmande, "je crois que c'est du
Ik zei Séphora de schrokop ik denk dat het is van de
()

sucre. Si seulement on pouvait goûter!"
suiker Als slechts men kon proeven
(maar)

Mais   Daniel,   leur   grand   frère,   qui   avait   tout   entendu,
Maar   Daniel   hun   grote   broer   die   had   alles   gehoord

se   mit   à   rire:
zette zich   te   lachen
(begon)

"Ni   sucre,   ni   lettres   déchirées,   ni   plumes!   C'est   de   la
Noch   suiker   noch   brieven   verscheurd   noch   veren   Het is   van de
()

neige,   de   la   neige   comme   il   y en   a   tous   les   ans   en
sneeuw   van de   sneeuw   zoals   het daar ervan heeft   al   de   jaren   in
()   (ze hebben)   (alle)   ()

Europe,   de   la   neige   avec   laquelle   on   fait   des   boules
Europa   van de   sneeuw   met   welke   men   maakt   van de   ballen
()   ()

de   neige   et   un   bonhomme   de   neige."
van   sneeuw   en   een   kerel   van   sneeuw
(man)

85 LMN

"Nous en ferons un demain, si vous êtes sages."
We ervan zullen maken één morgen als jullie zijn verstandig
(eentje)

"Quel dommage que ce ne soit pas du sucre!" soupira
Wat jammer dat het niet is niet van de suiker verzuchtte
() ()

Séphora en passant sa langue sur la vitre.
Séphora terwijl halende haar tong over het raam

Oreille
Oor

Quand Noé eut rassemblé les animaux devant l'arche, il
Toen Noach had verzameld de dieren voor de ark hij

se dit:
(bij) zichzelfzei

"Toutes ces bêtes vont sûrement se disputer et
Al deze dieren gaan zeker ruzie maken en

se mordre les oreilles. Il serait donc prudent de leur
elkaar bijten de oren Het zou zijn dus verstandig van hen
                                            (om)

enlever les oreilles avant leur entrée dans l'arche. On
weg te nemen de oren voor hun binnenkomst in de ark Men
                                                      (We)

les leur rendra à la sortie."
ze hun zal teruggeven bij de uitgang
         (zullen teruggeven) (het) (uitgaan)

Il fit installer un vestiaire et donna l'ordre à ses fils
Hij liet installeren een garderobe en gaf het bevel aan zijn zonen
(bevel)

d'y ranger les oreilles, à mesure que les bêtes
van er op te slaan de oren naar mate dat de dieren

se présenteraient.
zich zouden melden

Le premier fut le chameau; puis vint le cheval, puis la
De eerste was de kameel toen kwam het paard Toen de

vache, puis le chien, le mouton, le cochon, le chat,
koe Toen de hond de schapen het varken de kat

l'éléphant, le lapin, et enfin l'âne.
de olifant het konijn en tenslotte de ezel

Et tous, comme Noé l'avait commandé, ôtèrent leurs
En allen als Noach het had bevolen deden af hun

oreilles, et tous reçurent en échange un numéro de
oren en allen ontvingen in ruil een nummer van

vestiaire, attaché à un cordon qu'ils passèrent autour de
garderobe hangend aan een koord dat ze deden om van
()

leur cou.
hun nek

Grâce à ces précautions, la paix régna dans l'arche
Dank aan deze voorzorgsmaatregelen de vrede regeerde in de ark
()

pendant les quarante jours que dura le déluge.
gedurende de veertig dagen die duurde de vloed

Le quarante et unième jour, Noé dit aux animaux:
De veertig en eerste dag Noach zei tegen de dieren

"Voilà le beau temps revenu. Je vais vous rendre vos
Zie daar het mooie weer teruggekomen Ik ga jullie teruggeven jullie

oreilles, et vous pourrez retourner chez vous."
oren en jullie zullen kunnen teruggaan naar jullie zelf
[naar huis gaan]

Alors, l'une après l'autre, toutes les bêtes passèrent au
Toen de een na de ander al de dieren kwamen langs in de

vestiaire, et elles
garderobe en ze

reçurent leurs oreilles en échange du numéro.
ontvingen hun oren in ruil van het nummer
(voor het)

Le chameau arriva l'avant-dernier.
De kameel arriveerde de voor laatste

Il ne restait plus que deux paires d'oreilles: les siennes,
Het niet bleef over meer dan twee paar van oren de zijne
(Er)

très grandes, et celles de l'âne, toutes petites.
heel groot en die van de ezel alle klein
(heel)

Mais avant que le bon chameau put montrer son
Maar voor dat de beste kameel kon tonen zijn
(die)

numéro, l'âne lui passa entre les jambes et se mit à
nummer de ezel hem passeerde tussen de benen en begon te

brailler:
balken

"Monsieur Noé! monsieur Noé! donnez-moi mes oreilles.
Meneer Noach meneer Noach geef mij mijn oren

C'est cette grande paire-là. Je suis très pressé!"
Het is dit grote paar daar Ik ben zeer gehaast

Le père Noé était si fatigué, qu'il ne fit pas attention
De vader Noach was zo moe dat hij niet maakte niet aandacht
() (had) ()

au faux numéro que lui remit l'âne sournois.
aan het verkeerde nummer dat hem overhandigde de ezel sluw
(voor het)

"Tu me casses la tête! Tiens, voilà ton bien, décampe!"
Je me breekt het hoofd Hou vast ziedaar je goed gaat heen
(eigendom) (wegwezen)

Et Noé donna les superbes oreilles du chameau à
En Noach gaf de grootse oren van de kameel aan

l'âne, qui s'enfuit en pétaradant de joie.
de ezel die vluchtte in knallende van vreugde
(er vandoor ging) (bokkende)

Quand le chameau ouvrit enfin ses babines pour
Toen de kameel opende tenslotte zijn lippen voor

réclamer son dû, il n'y avait plus dans le vestiaire que
terug te vragen zijn toekomen het niet er had meer in de garderobe behalve
[terugvragen wat hem toekwam] (er was niets)

les oreilles de l'âne, dont il dut se contenter.
de oren van de ezel waarmee hij moest zichzelf tevreden stellen

94   OP

Et voilà pourquoi le chameau, qui est une bête de
En ziedaar waarom de kameel die is een beest van

grande taille, a des oreilles si courtes, tandis que l'âne,
grote omvang heeft van de oren zo kort terwijl dat de ezel
()

qui est beaucoup plus petit, en a de si longues.
die is veel meer klein ervan heeft van zulk lange
()

Pois
Erwt

Il y avait une fois un prince qui voulait se marier.
Het er had   een   keer   een   prins   die   wilde   trouwen
(Er was)

Il voulait épouser une princesse, mais aucune de celles
Hij   wilde   trouwen   een   prinses   maar   geen   van   degenen

qu'on lui présenta ne lui parut assez princesse.
die men   hem   voorstelde   niet   hem   scheen   genoeg   prinses
                                   ()

Or,   un   jour   d'orage,   on   sonna   à   la   grille   du   château.
Welnu   een   dag   van onweer   men   luidde   aan   het   hek   van het   kasteel
(op een)   (iemand)

Le   roi   alla   ouvrir   lui-même,   et   il   trouva   devant   la   grille
De   koning   ging   opendoen   hij zelf   en   hij   trof aan   voor   de   poort

une   jeune   fille   dont   les   vêtements   étaient   trempés,   les
een   jong   meisje   wier   de   kleren   waren   doorweekt   de

cheveux   défaits   et   les   souliers   couverts   de   boue.
haren   in de war   en   de   schoenen   bedekt   met   modder

Elle   avait   presque   l'air   d'une   mendiante.
Zij   had   bijna   het aspect   van een   bedelares
(het voorkomen)

Mais,   quand   le   roi   lui   demanda   qui   elle   était,   elle
Maar   toen   de   koning   haar   vroeg   wie   zij   was   zij

répondit   qu'elle   était   une   princesse.   Le   roi   la   fit   entrer
antwoordde   dat ze   was   een   prinses   De   koning   haar   liet binnenkomen

au   château.
in het   kasteel

"Nous   allons   bien   voir   si   c'est   une   princesse,"   pensa   la
Wij   gaan   goed   zien   of   het is   een   prinses   dacht   de
[Wij zullen wel eens zien]

reine.
koningin

Elle   ordonna   aux   servantes   de   préparer   un   lit   pour   la
Zij   beval   aan de   dienaren   om   klaar te maken   een   bed   voor   het
                (de)

jeune   fille,   mais   de   mettre   un   pois   sous   les   vingt
jonge   meisje   maar   van   te leggen   een   erwt   onder   de   twintig
                 ()

matelas   qui   composaient   ce   lit.
matrassen   die   vormden   dit   bed

Le lendemain, la reine demanda à la jeune fille
De volgende ochtend de koningin vroeg aan het jonge meisje

comment elle avait dormi.
hoe zij had geslapen

"Très mal," répondit-elle. "Il y avait je ne sais quoi de
Erg slecht antwoordde zij Er was ik niet weet wat van
[hards]

dur et de rond dans mon lit; j'en ai des bleus sur
hard en van rond in mijn bed ik ervan heb van de blauwen over
[ronds] () (blauwe plekken)

tout le corps."
heel het lichaam

"Quel bonheur!" pensa le prince, qui avait écouté derrière
Wat (een) geluk dacht de prins die had geluisterd achter

la porte.
de deur

"Pour avoir la peau si fine, il faut bien que ce soit
Voor te hebben de huid zo fijn het is nodig wel dat dit zou zijn
(Om)

une véritable princesse."
een echte prinses

Et tout de suite il lui demanda sa main.
En gelijk hij haar vroeg haar hand

Queue
Staart

Une famille de rats habitait dans une cave remplie de
Een familie van ratten leefde in een kelder gevuld van
           ()   (met)

marchandises.
koopwaar

Les rats s'y trouvaient fort bien, car il y avait beaucoup
de ratten zich er vonden erg goed omdat het er had veel
          (hadden het)   (er waren)

de choses bonnes à manger, surtout du savon et de la
van dingen goed te eten bovenal van de zeep en van de
()   ()   ()

chandelle.
kaars

103 QRS

Il y avait aussi des tonneaux et des barils.
Het er had ook van de tonnen en van de vaten
(Er waren) () ()

On ne savait pas ce qu'ils contenaient. Mais un jour
Men niet wist niet dat wat ze bevatten Maar een dag
() (op een)

la mère Rat découvrit un tonneau dont la bonde était
de moeder Rat ontdekte een ton waarvan de stop was
()

partie.
weg

Elle flaira, puis elle plongea sa queue dans le trou et
Ze snuffelde toen zij liet zakken haar staart in het gat en

la retira pour goûter.
hem terugtrok voor te proeven
(om)

"Quelle   chance!"   s'écria-t-elle,   "c'est   du   sirop   de   groseille.
Wat   (een) geluk   riep ze uit   het is   van de   siroop   van   aalbessen
                                        ()

Vite,   mes   petits,   venez   vous   régaler!"
Snel   mijn   kleintjes   kom   jullie   tegoed doen

Mais   les   ratons   glissaient   sur   le   ventre   du   tonneau   et
Maar   de   ratjes   gleden uit   op   de   buik   van de   ton   en

ne   pouvaient   arriver   au   sommet.   Restés   en   bas,   ils
niet   konden   krijgen   op de   top   Achterblijvende   in   beneden   zij
              (komen)   ()

pleuraient   de   dépit   et   de   gourmandise.
huilden   van   nijd   en   van   gulzigheid

Alors   la   mère   Rat   eut   une   idée.
Toen   de   moeder   rat   had   een   idee
      ()

Elle alla de nouveau plonger sa queue dans le trou;
Ze ging van nieuw laten zakken haar staart in het gat
    (op-)

puis, quand sa queue fut bien imbibée de sirop, elle
vervolgens toen haar staart was goed doordrenkt van siroop zij

courut au bord du tonneau et, se retournant, elle la
rende naar de rand van de ton en zich omkerend ze hem

laissa pendre.
liet hangen

Les ratons, en se haussant sur les pattes de derrière,
De ratjes door zich op te richten op de poten van achter
                                  [achterpoten]

purent l'atteindre, et chacun à son tour lécha le bout
konden het bereiken en elk op zijn beurt likte het einde

de la queue, comme si c'était un sucre d'orge.
van de staart als of het was een suiker van gerst
                                      [zuurstok]

Vingt fois, cent fois, la mère Rat alla de la bonde au
Twintig keer honderd keer de moeder Rat ging van de stop naar de

bord du tonneau.
zijkant van de ton

En quelques jours il fut à moitié vide, et la queue de
in enige dagen het was naar helft leeg en de staart van
[half]

la mère Rat n'était plus assez longue pour tremper
de moeder Rat niet was meer genoeg lang voor te dopen
(om)

dans ce qui restait de sirop.
in dat wat overbleef van siroop

Mais un peu plus loin il y avait un autre baril qui
Maar een beetje meer verder het er had een ander vat dat
(er was)

était à moitié défoncé.
was aan (één) helft gebroken
(open)

"Ce sera encore plus commode," se dit la mère Rat.
Dit zal zijn nog meer gemakkelijk zich zei de moeder Rat

Et, sans prendre la précaution de flairer, elle plongea
En zonder te nemen de voorzorg van te ruiken zij liet zakken
(om)

sa queue au fond du tonneau.
haar staart op de bodem van de ton

Mais, quand elle voulut la retirer, elle poussa un cri
Maar toen ze wilde hem terugtrekken ze uitte een kreet

de douleur. Sa queue ne venait pas, sa queue était
van pijn Haar staart niet kwam niet haar staart was
() (zat)

collée, sa queue s'était enfoncée dans un tonneau de
vast haar staart zich was gestoken in een ton van
(zich had) ()

glu.
lijm

Rossignol
Nachtegaal

L'empereur	de	Chine	avait	dans	son	jardin	un	rossignol
De keizer	van	China	had	in	zijn	tuin	een	nachtegaal

qui	s'appelait	Bulbul	et	qui	était	son	ami.
die	zich noemde	Bulbul	en	die	was	zijn	vriend
	(heette)						

Bulbul	venait	manger	dans	sa	main,	et,	la	nuit,	quand
Bulbul	kwam	eten	in	zijn	hand	en	de	nacht	als
			(uit)						

l'empereur	ne	pouvait	pas	dormir,	Bulbul	chantait	si	bien,
de keizer	niet	kon	niet	slapen	Bulbul	zong	zo	goed
								(mooi)

que	l'empereur	oubliait	tous	les	soucis	de	son	métier.
dat	de keizer	vergat	alle	de	zorgen	van	zijn	beroep
				()				

Mais   un   jour   son   ministre   lui   dit:
Maar   een   dag   zijn   minister   haar   zei
(op een)

"Je   connais   un   rossignol   qui   chante   aussi   le   jour   et
ik   ken   een   nachtegaal   die   zingt   ook   de   dag   en

qui   a   un   bien   beau   plumage."
die   heeft   een   aardig   mooie   verentooi
(heel)

Et   il   apporta   à   l'empereur   un   oiseau   peint   de   brillantes
En   hij   bracht   naar   de keizer   een   vogel   geschilderd   van   schitterende
(met)

couleurs   et   que   l'on   remontait   avec   une   clef   pour   le
kleuren   en   die   het ze   opwond   met   een   sleutel   voor   haar
(ze)   (om)

faire   chanter.
te laten   zingen

111 QRS

Et l'empereur trouva le nouveau rossignol si joli, et il
En de keizer vond de nieuwe nachtegaal zo leuk en hij

écoutait si souvent sa chanson, qu'il oublia son Bulbul.
luisterde zo vaak haar lied dat hij vergat zijn Bulbul

Et Bulbul serait mort de faim si la petite fille de la
En Bulbul zou zijn dood van honger als het kleine meisje van de

cuisinière ne l'avait adopté.
kokkin niet hem had geadopteerd

Mais, à force de remonter le rossignol mécanique, la
Maar door (de) kracht van op te winden de nachtegaal mechanisch de
[à force de door te vaak]

clef cassa, et l'oiseau cessa de chanter.
sleutel brak en de vogel stopte van zingen
(met)

Personne ne put le raccommoder, et l'empereur devint si
Niemand niet kon haar herstellen en de keizer werd zo

triste, qu'il tomba gravement malade.
verdrietig dat hij viel ernstig ziek
(werd)

Mais, une nuit qu'il était près de mourir, il entendit
Maar (op) een nacht dat hij was dichtbij van te sterven hij hoorde

soudain à côté de son lit une voix si mélodieuse, qu'il
plotseling aan (de) zijkant van zijn bed een stem zo melodieus dat hij

se sentit revenir à la vie.
zich voelde terugkeren naar het leven

C'était Bulbul qui chantait. Et Bulbul chanta jusqu'à ce
Het was Bulbul die zong en Bulbul zong tot dit
()

que l'empereur fût complètement guéri.
dat de keizer was volledig hersteld

"Oh! Bulbul," dit l'empereur, "ton plumage est moins joli,
Oh Bulbul zei de keizer je verentooi is minder mooi

et tu ne chantes pas tout le temps comme l'autre;
en je niet zingt niet heel de tijd als de andere

mais tu es un ami, et tu viens quand on a besoin
maar je bent een vriend en je komt als men heeft nodig

de toi."
van jou
()

Et l'empereur reconnaissant commanda pour Bulbul une
En de keizer dankbaar bestelde voor Bulbul een

cage d'or et une petite couronne de diamants.
kooi van goud en een kleine kroon van diamanten
()

Sapin
Spar

Il y avait un petit sapin qui rêvait d'être mât de navire
Het er had een kleine spar die droomde van te zijn mast van vaartuig
(Er was) [scheepsmast]

afin de voyager et de voir le monde.
teneinde van te reizen en van te zien de wereld
()

Quand il fut grand, on l'abattit, on le dépouilla de son
Toen hij was groot men hem hakte om men hem ontdeed van zijn

écorce, et il devint, selon son vœu, grand mât sur
bast en hij werd volgens zijn wens grote mast op

une frégate.
een fregat
(oorlogsschip)

Mais il s'ennuyait à cause de la longueur et de la
Maar hij verveelde zich door oorzaak van de lengte en van de

monotonie des traversées.
eentonigheid van de oversteken

"Ah!" disait-il, "comme il faisait bon dans ma forêt
Ach zei hij hoe het deed goed in mijn bos
(was)

natale!"
(van) geboorte

"J'avais de la mousse à mes pieds et quelquefois des
ik had van het mos aan mijn voeten en soms van de
() ()

nids dans mes branches; et les petits enfants
nesten in mijn takken en de kleine kinderen

ramassaient mes aiguilles, et souvent ils dansaient des
verzamelden mijn naalden en vaak ze dansten van de

rondes en chantant autour de mon tronc."
ronden terwijl zingende rond van mijn stam

"Et maintenant je suis tout sec, tout nu et tout seul.
en nu   ik ben helemaal droog helemaal bloot en helemaal alleen

Ah! si j'avais su! Si seulement j'avais pu être
Ach als ik had geweten Als slechts ik had gekund zijn

mât de cocagne!"
mast van cocagne
(zeeppaal op de kermis)

Et il soupira si fort, que tous les cordages en
En hij zuchtte zo erg dat al de touwen ervan

craquèrent.
kraakten

Mais à ce moment un vol d'hirondelles passa au-dessus
Maar op dit moment een vlucht van zwaluwen passeerde op deboven
  ()

de la mer.
van de zee
()

Elles venaient des pays du Nord et s'en allaient en
Zij kwamen van de landen van het Noorden en zich ervan gingen in
  (ze gingen) (naar)

Égypte.
Egypte

118 QRS

Elles descendirent sur le navire et se posèrent sur le
Ze daalden af op het vaartuig en zich zetten op de
(streken neer) (schip)

mât, qu'elles couvrirent presque entièrement de leurs ailes.
mast die ze bedekten bijna geheel met hun vleugels

Le mât entendit même leurs petits cœurs battre, et
De mast hoorde zelfs hun kleine harten slaan en

leurs plumes qui le frôlaient faisaient comme un
hun veren die hem borstelden maakten als een

bruissement de feuilles.
geruis van bladeren

Il écoutait ce qu'elles disaient entre elles.
Hij luisterde naar dat wat ze zeiden tussen hen
[onderling]

119   QRS

Elles	parlaient	justement	de	son	pays,	d'où	elles
Zij	spraken	net	van	zijn	land	van waar	zij

venaient.	Et	le	pauvre	sapin	se	sentit	si	heureux,	qu'il
kwamen	En	de	arme	spar	zich	voelde	zo	gelukkig	dat hij

s'endormit	en	se	figurant	qu'on	l'avait	ramené	dans	sa
viel in slaap	in	zich	voorstellende	dat men	hem had	teruggebracht	in	zijn

forêt.
bos

Tortue
Schildpad

Jean,	Pierre	et	Paul	étaient	allés	aux	courses	avec
Jean	Pierre	en	Paul	waren	gegaan	naar de	races	met

leurs	parents.
hun	ouders

Ils	avaient	vu	courir	des	chevaux,	et	cela	les	avait
Zij	hadden	gezien	lopen	van de	paarden	en	dat	hen	had
				[de paardenrennen]					

beaucoup	amusés.
erg	geamuseerd

Rentrés   à la   maison,   Jean   dit   à   ses   frères:
Teruggekomen   bij het huis   Jean   zei   tegen   zijn   broers
                (thuis)

"Si   nous   faisions   courir,   nous   aussi?"
als   wij   zouden maken   rennen   wij   ook

"Mais   nous   n'avons   pas   de   chevaux,"   répondit   Pierre.
Maar   wij   niet hebben   niet   van   paarden   antwoordde   Pierre
                           ()   ()

"Qu'est-ce   que   cela   fait?   Nous   avons   chacun   une   tortue,
Wat is   het   dat   dat   doet   Wij   hebben   een ieder   een   schildpad
[Dat maakt niet uit]

et   des   tortues   peuvent   tous   aussi   bien   courir   que   des
en   van de   schildpadden   kunnen   allemaal   even   goed   rennen   als   van de
      ()   ()

chevaux;   plus   lentement,   voilà   tout."
paarden   meer   langzaam   ziedaar   alles

Chaque enfant alla donc chercher sa tortue.
Ieder kind ging dus zoeken zijn schildpad

Puis ils choisirent trois beaux escargots, qui seraient les
Vervolgens ze kozen drie mooie slakken die zouden zijn de

jockeys.
jockeys

Jean apporta sa boîte à couleurs, et il peignit à
Jean bracht zijn koffer aan kleuren en hij schilderde op
(van)

chaque escargot une casaque différente, une jaune, une
elke slak een trui verschillende een gele een
(van een jockey)

rouge, une verte.
rode een groene

Il voulut aussi leur fabriquer des casquettes.
Hij wilde ook hun vervaardigen van de helmpjes
()

Mais les escargots dirent: "Non, merci," et rentrèrent
Maar de slakken zeiden Nee dank u en trokken terug

leurs cornes.
hun hoornen

Les trois enfants préparèrent une piste dans le jardin,
De drie kinderen maakten klaar een renbaan in de tuin

avec des poteaux au bout, et une tribune avec des
met van de posten aan het eind en een tribune met van de
() (paaltjes) ()

roses et des œillets, qui figuraient les dames élégantes.
rozen en van de anjers die stelden voor de dames elegant
()

Puis ils alignèrent leurs trois tortues montées par les
Vervolgens ze stelden op hun drie schildpadden bereden door de

trois escargots, et Jean donna le signal du départ.
drie slakken en Jean gaf het teken van het vertrek
(van)

Mais, hélas! aucune des trois tortues ne bougea.
Maar helaas geen enkele van de drie schildpadden niet bewoog

Alors Pierre courut chercher son tambour, et Paul
Vervolgens Pierre rende (om) te zoeken zijn trommel en Paul

chatouilla la queue des tortues avec des brindilles.
kietelde de staart van de schildpadden met van de takjes
()

Les tortues se décidèrent enfin à partir.
De schildpadden besloten tenslotte om te vertrekken

Mais, au lieu d'aller droit devant elles, elles allaient à
Maar in de plaats van te gaan recht voor uit hen zij gingen naar
(in)

droite ou à gauche, et la tortue de Paul revint même
rechts of naar links en de schildpad van Paul ging terug zelfs

en arrière.
naar achteren

Alors Jean eut une idée:
Toen Jean had een idee

"Si nous mettions des salades au lieu de poteaux!"
Als wij zullen plaatsen van de salades in plaats van posten
() (de) (paaltjes)

127 TU

Et vite, au bout de la piste, les enfants plantèrent trois
En snel aan het einde van de baan de kinderen plantten drie

belles salades.
mooie salades

Quand les tortues virent cette appétissante verdure, elles
Toen de schildpadden zagen dit appetijtelijke groen ze

se mirent en marche toutes seules, et celle de Jean
zich zetten in beweging helemaal alleen en die van Jean
(zelf)

avança si rapidement que son jockey, je veux dire son
ging naar voren zo snel dat haar jockey ik wil zeggen haar
[ik bedoel]

escargot, roula à terre.
slak rolde op (de) grond

Elle arriva la première au but; et, pour sa récompense,
Zij kwam aan de eerste aan de finish en voor haar beloning

on lui donna à manger les poteaux, je veux dire les
men haar gaf te eten de posten ik wil zeggen de
(finish paaltjes)

salades, et même les roses et les œillets de la
salades en zelfs de rozen en de anjers van de

tribune, qui figuraient les dames élégantes.
tribune die stelden voor de dames elegante
[elegante dames]

Univers
Universum

C'est   un   bien   grand   mot   et   une   bien   grande   chose
Het is   een   erg   groot   woord   en   een   erg   grote   zaak

aussi;   car   cela   veut   dire   le   monde   entier.
ook   omdat   dat   wil   zeggen   de   wereld   helemaal
[hele wereld]

Mais   cela   peut   signifier   aussi   l'endroit   où   l'on   vit,   où
Maar   het   kan   betekenen   ook   de plek   waar   men   leeft   waar

l'on   a   ses   habitudes   et   où   l'on   est   heureux.
het men   heeft   zijn   leefgewoontes   en   waar   het men   is   gelukkig
(men)   (men)

Ainsi, la salle à manger est l'univers de la mouche.
Zo   de   kamer   om te eten   is   het universum van de vlieg

L'étang est l'univers du poisson.
De vijver   is   het universum van de vis

La prairie est l'univers de la vache.
Het weiland   is   het universum van de koe

La forêt est l'univers du lapin.
Het bos   is   het universum van het konijn

Le village ou la ville est votre univers à vous, mes
Het dorp of de stad is jullie universum aan jullie mijn
[jullie eigen universum]

enfants; et, quand vous serez grands, ce sera la
kinderen en wanneer jullie zullen zijn groot het zal zijn het

France entière, avec ses mers, ses îles, ses colonies,
Frankrijk helemaal met zijn zeeën haar eilanden zijn koloniën

et tout ce que vous saurez voir, et tout ce que vous
en al dat wat je zou zien en al dat wat je

saurez comprendre.
zullen begrijpen
(kan)

Violettes
Viooltjes

Vous   savez,   mes   enfants,   que   les   violettes   sont
Jullie   weten   mijn   kinderen   dat   de   viooltjes   zijn

l'emblème   de   la   modestie.
het embleem   van   de   bescheidenheid
(het symbool)

Car   elles   poussent   dans   les   bois   obscurs,   à   l'ombre
Omdat   zij   groeien   in   de   bossen   donker   in   de schaduw
                                                [donkere bossen]

d'autres   plantes;   et   même   elles   cachent   leur   visage
van andere   planten   en   zelfs   ze   verstoppen hun   gelaat
                                                                         (gezicht)

délicat   derrière   leurs   grandes   feuilles   vertes,   comme   font
teer   achter   hun   grote   bladeren   groen   zoals   doen
                                               [groene bladeren]

les   jeunes   filles   timides   derrière   leur   éventail.
de   jonge   meisjes   verlegen   achter   hun   waaier

135　VXYZ

Or,　un　jour,　un　poète　se promena　dans　une　forêt　où
Welnu　een　dag　een　dichter　wandelde　in　een　bos　waar
(op een)

il　y　avait　beaucoup　de　violettes　qui　embaumaient　l'air
het er had　veel　van　viooltjes　die　vulden met geur　de lucht
(er waren)　　　　()

délicieusement.
verrukkelijk

Grisé　par　ce　parfum,　il　fit　des　vers　en　l'honneur　de
Dronken　door　dit　parfum　hij　maakte　van de　verzen　in　de eer　van
()　[ter ere]

l'humble　fleur　des　bois,　et　il　les　récita　tout　haut.
de nederige　bloem　van de　bossen　en　hij　ze　reciteerde　heel　luid

A　ses　pieds,　une　violette　l'entendit.
Aan　zijn　voeten　een　viooltje　hem hoorde

Elle crut qu'il ne parlait que pour elle, et de se
Zij geloofde dat hij niet sprak dan voor haar en van zich

savoir ainsi chantée par un poète, cela lui fit oublier
te weten zo bezongen door een dichter dat haar deed vergeten

toute modestie.
alle schuwheid

Elle allongea son cou derrière ses feuilles, tourna
Zij strekte haar hals achter haar bladeren draaide

vaniteusement sa tête à gauche et à droite, et se
ijdel haar hoofd naar links en naar rechts en zich

mira avec complaisance dans une grosse goutte de
bekeek met zelfgenoegzaamheid in een grote druppel van

rosée qui était restée pendue à un brin d'herbe.
dauw die was overgebleven gehangen aan een twijg met planten

"Ah!" disait-elle, "que je suis jolie et que je sens bon!
Ach zei zij wat ik ben knap en wat ik ruik goed

Je dois être plus jolie que les autres fleurs, et mon
Ik moet zijn meer mooi dan de andere bloemen en mijn

parfum doit être plus agréable que tous les autres
parfum moet zijn meer aangenaam dan al de andere

parfums de la forêt, puisque c'est sur moi seule que
parfums van het woud daar het is over mij alleen dat

le poète a fait des vers."
de dichter heeft gemaakt van de verzen
()

Mais à ce moment passa la vieille fée des bois qui
Maar op dit moment kwam voorbij de oude fee van de bossen die

est la surveillante des fleurs.
is de opzichter van de bloemen

Avec sa baguette, elle donna une tape sur la joue de
Met haar stok zij gaf een tikje op de wang van

la violette.
het viooltje

"Petite impudente!" dit-elle, "rentrez sous votre feuille, et
Kleine onbeschaamde zei ze ga terug onder je blad en

pour vous punir de votre vanité, je vous enlève votre
om u te straffen van uw ijdelheid ik u neem weg uw
(je) (voor) (je) (van je) (je)

parfum."
parfum

Violette fut désolée.
Viooltje was diep ongelukkig

139 VXYZ

Elle pleura tant, qu'une jeune fée, qui venait en
Zij huilde zo erg dat een jonge fee die kwam in
()

promenade de ce côté, eut pitié d'elle.
wandeling van deze zijde had medelijden van haar
(wandelen) (die kant op) (met haar)

"Pauvre petite," dit-elle, "je ne peux plus te rendre ton
Arme kleine zei ze ik niet kan meer jou teruggeven je

parfum; mais, puisque tu as tant de chagrin, je fais de
parfum maar daar je hebt zo veel van verdriet ik maak van

tes larmes des pétales plus clairs, des pétales mauves;
je tranen van de bloemblaadjes meest heldere van de bloemblaadjes paarse
() ()

et du moins, si tu n'es pas odorante, tu seras plus
en van de minst als je bent niet niet geurig je zal zijn meer
[tenminste] ()

jolie."
mooi

Et,   ayant   dit,   la   fée   changea   la   violette   des   bois   en
En   hebbende   gesproken   de   fee   veranderde   het   viooltje   van de   bossen   in

une   violette   de   Parme.
een   viooltje   van   Parma

Et   voilà   pourquoi   les   violettes   de   Parme   n'ont   pas   de
En   ziedaar   waarom   de   viooltjes   van   Parma   niet hebben   niet   van de
() ()

parfum.
geur

Xavier
Xavier

Le petit Xavier dit à ses petits camarades, Maurice et
De kleine Xavier zei tegen zijn kleine kameraden Maurice en

Jean:
Jean

"Jouons! Je serai le cocher, Maurice sera le cheval, et
Laten we spelen ik zal zijn de koetsier Maurice zal zijn het paard en

Jean sera le chien qui aboie après la voiture."
Jean zal zijn de hond die blaft achterna de koets
(naar)

Maurice   fit   très   bien   le   cheval.
Maurice   deed   erg   goed   het   paard
(speelde)

Il   hennissait,   levait   les   pieds   très   haut   et   paraissait
Hij   hinnikte   hief op   de   voeten   zeer   hoog   en   scheen

s'amuser   beaucoup.
zich te amuseren   veel

Alors   Xavier   dit:
Vervolgens   Xavier   zei

"Je   voudrais   être   le   cheval."
Ik   zou willen   zijn   het   paard

"Comme   tu   voudras,"   dit   le   petit   Maurice.
Zoals   je   zou willen   zei   de   kleine   Maurice

Le   petit   Jean,   qui   faisait   toujours   le   chien,   aboyait   de
De   kleine   Jean   die   deed   altijd   de   hond   blafte   van
                              (speelde)   (nog steeds)   (met)

toutes   ses   forces,   courait   à   droite   et   à   gauche,   et
al   zijn   krachten   rende   naar   rechts   en   naar   links   en

semblait   très   content.
leek   erg   tevreden

Alors   Xavier   dit:
Toen   Xavier   zei

"Je   voudrais   être   le   chien."
Ik   zou willen   zijn   de   hond

Mais   sa   mère,   qui   regardait   jouer   les   trois   enfants,   dit
Maar   zijn   moeder   die   zag   spelen   de   drie   kinderen   zei

à   Xavier:
tegen   Xavier

"Je   crois   bien   que   tu   voudrais   être   à   la   fois   le
Ik   geloof   wel   dat   je   zou willen   zijn   op   het   moment   de
                                                            [tegelijk]

cocher,   le   cheval   et   le   chien."
koetsier   het   paard   en   de   hond

"Oh!   oui,"   dit   Xavier.
O   ja   zei   Xavier

"Mais   on   ne   peut   pas   être   tout.   Il   faut   choisir."
Maar   men   niet   kan   niet   wezen   alles   Het   is nodig   te kiezen
               ()

"C'est   bien   ennuyeux."
Dat is   wel   vervelend

Yvonne
Yvonne

Yvonne	était	une	petite	fille	qui	ne	pouvait	pas	se
Yvonne	was	een	klein	meisje	dat	niet	kon	niet	zich
								()	

tenir	tranquille	à	table.
houden	rustig	aan	tafel

Elle	gigotait,	elle	se	penchait	à	droite,	à	gauche,	en
Ze	wiebelde	zij	zich	boog	naar	rechts	naar	links	naar

avant,	en	arrière;	elle	descendait	de	sa	chaise	pour
voren	naar	achteren	ze	ging af	van	haar	stoel	om

jouer	avec	le	chien	Médor,	ou	elle	prenait	la	chatte
te spelen	met	de	hond	Médor	of	zij	nam	de	kat

Minouche	sur	ses	genoux.
Minouche	op	haar	knieën

Sa mère la grondait, son père la punissait, mais
Haar moeder haar sprak bestraffend toe haar vader haar strafte maar

Yvonne ne se corrigeait pas.
Yvonne niet zich verbeterde niet
()

Un jour, c'était un dimanche, il y avait un très bon
Een dag het was een zondag het er had een erg goede
(Op een) (er was)

déjeuner, une crème au
lunch een crème naar de
(van)

chocolat et beaucoup de gâteaux.
chocolade en veel van taarten
() (gebakjes)

Yvonne avait promis d'être sage, parce qu'elle ne voulait
Yvonne had beloofd van zijn verstandig om dat ze niet wilde
(te zijn)

pas être privée de
niet zijn beroofd van
() (worden)

dessert.
(haar) dessert

Au commencement, tout alla bien.
Aan het begin   alles ging goed

Mais peu à peu la petite fille fut reprise par sa
Maar beetje bij beetje het kleine meisje werd weer genomen door haar

mauvaise habitude: elle se balança sur sa chaise,
slechte gewoonte ze zich balanceerde op haar stoel
                                    ()

en avant et en arrière, tandis que le chien Médor et
naar voren en naar achteren terwijl dat de hond Médor en

la chatte Minouche la regardaient avec un air de dire:
de kat Minouche haar bekeken met een blik van te zeggen

"Prends garde! prends garde! Nous connaissons quelqu'un
Neem zorg neem zorg Wij kennen iemand
[Pas op]   [pas op]

qui va tomber."
die gaat vallen

Et   en effet,   tout   à   coup,   elle   perdit   l'équilibre.
En   inderdaad   geheel   op   slag   zij   verloor   het evenwicht
[plotseling]

Elle   voulut   se   retenir   à   la   table;   elle   se   cramponna   à
zij   wilde   zich   vasthouden   aan   de   tafel   zij   zich   greep vast   aan

la   nappe,   et   patatras!
het   kleed   en   boemerdeboem

Tout   se   renversa   sur   elle   et   sur   sa   chaise,   tout,   les
Alles   zich   keerde om   op   haar   en   op   haar   stoel   al   de

plats,   les   bouteilles,   les   verres,   les   fourchettes   et   la
borden   de   flessen   de   glazen   de   vorken   en   de

crème.
crème

Elle   eut   mal   aux   bras   et   aux   jambes,   et   on   dut
Zij   had   pijn   aan de   armen   en   aan de   benen   en   men   moest

l'emporter   dans   son   lit.
haar dragen   in   haar   bed

Médor	et	Minouche	se	lamentèrent	d'abord,	puis	ils
Médor	en	Minouche	zich beklaagden		initieel	vervolgens	ze

se	consolèrent	en	mangeant	sous	la	table	la	crème	et
zich troosten		in (door)	etende	onder	de	tafel	de	crème	en

les	gâteaux.
de	taarten (taartjes)

Zero
Nul

Dans la vie, quand on n'est bon à rien, les autres
In het leven als men niet is goed voor niets de anderen
(Tijdens)

vous appellent un "zéro."
u noemen een nul
(je)

Appliquez-vous donc à bien apprendre votre alphabet et
Zet in jullie zelf dus voor goed te leren uw alphabet en
(om)

à lire ces contes, et je vous jure qu'on ne dira
te lezen deze verhalen en ik jullie zweer dat men niet zal zeggen

jamais de vous:
nooit van jullie

"La petite Marie? Le petit Jean? Oh! c'est un zéro."
De kleine Marie De kleine Jean Oh dat is een nul
(hij is)

BER UDA
ORD

Het boek dat je nu leest bevat de papieren of digitale versie van de krachtige e-boek applicatie van Bermuda Word. Onze e-boeken met geïntegreerde software zorgen ervoor dat je vloeiend wordt in Frans lezen, snel en gemakkelijk! Neem contact op, en ontvang 25% Korting op de Windows PC software versie van dit e-boek!

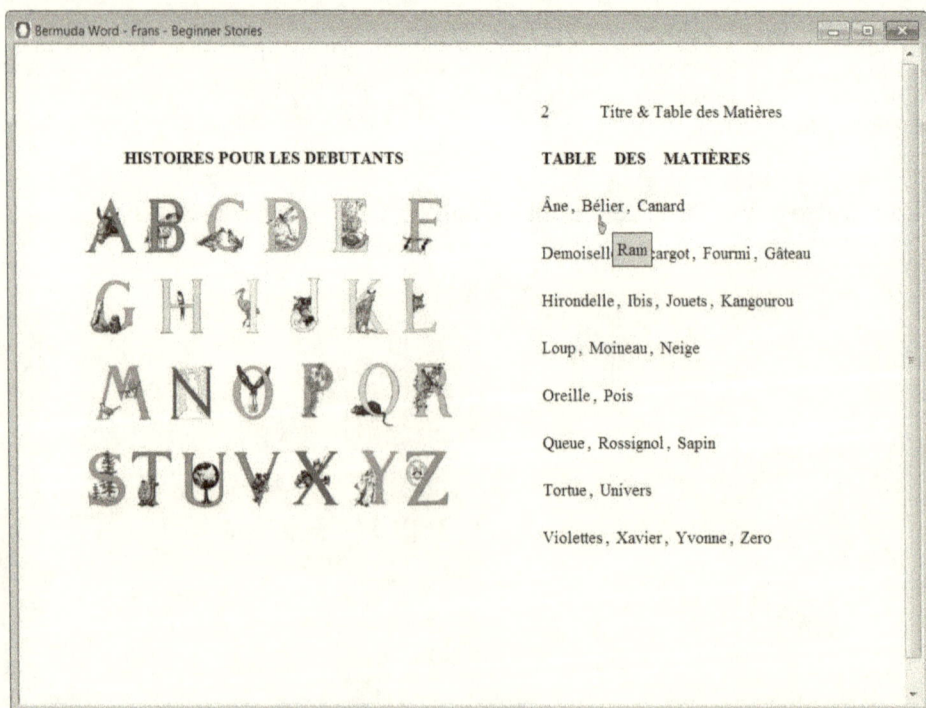

○ Bermuda Word - Frans - Beginner Stories

HISTOIRES POUR LES DEBUTANTS

A B C D E F
G H I J K L
M N O P Q R
S T U V X X Y Z

TABLE DES MATIÈRES

De standalone e-reader software bevat de e-boek tekst, en integreert **spaced repetition woordoefeningen** voor **optimaal leren van een taal**. Kies je font type of grootte en lees als je zou doen met een normale e-reader. Zonder woorden opzoeken doorlezen door de **onmiddelijke mouse-over pop-up vertalingen**, of klik een woord om het **toe te voegen aan je woordenlijst**. De software weet welke woorden zeldzaam zijn en meer oefening nodig hebben.

Met het Bermuda Word e-boek programma **onthoud je alle woorden** makkelijk door lezen en efficiënt oefenen!

LEARN-TO-READ-FOREIGN-LANGUAGES.COM